세 번째 첫사랑

세 번째 첫사랑

윤여칠 시집

아, 나의 손주
어여쁜 나의 금(錦)이여!
세 번째 첫사랑입니다

좋은땅

시인의 말

아, 초봄도 있었구나….
봄 여름 가을 겨울, 사계절만 알았는데.
사람은 사계절 따라 생노병사하는 줄만 알았는데.

겨울 지나 봄으로 가는 삶의 길목에서 따뜻한 봄바람과 함께 사람 새싹이 자라고 있음을 알았습니다.
두 돌 된 어린 손주를 보면서 '어린이는 어른의 아버지'라고 노래한 시인 윌리엄 워즈워드의 아이의 순수함을 새삼 느끼게 되었습니다.

또한, 추사 김정희 선생님께서도 '고회부처아녀손(高會夫妻兒女孫)'이라고 하였지요.
'가장 훌륭한 모임은 부부와 자녀 손주와 함께하는 자리'라고. 이제 그 뜻을 온몸으로 알 수 있을 것 같습니다.

본인 시집(1권~3권)의 내용을 봄, 여름, 가을, 겨울 사계절로 하였는데, 본 4권에서는 손주를 뜻하는 초봄을 더하여 오계절로 구성하였습니다.

이는 국가적인 저출생 고령화의 시대에 다소 걱정하는 마음과 안타까움을 표현하는 동시에, 다음 세대를 이어가는 기쁨을 함께 하고자 하는 초보 할아버지의 심정을 더하였습니다.

지구인의 한 사람으로 성장해가는 세상의 모든 손주와 그의 부모님들께 무한한 사랑을 드리며 응원합니다.

2025년 1월

윤여칠

차례

시인의 말 • 4

제1편 / **초봄**(손주를 위한 세레나데)

겨울 아기 • 12
그 님이 오셨네 • 13
꼬마 아기 • 14
꽃모종 • 15
낭만주의 지구인 • 16
내 마음 나도 몰라요 • 17
보고 있어도 • 19
사람의 길 • 20
세 번째 첫사랑 • 21
세상을 다 가진 행복한 사람 • 23
손주 사랑하는 법 • 24
손주에게 1 • 25
손주에게 2 • 27
순수의 게임 • 28
숨은 그림 찾기 • 29
아기 얼굴 • 30
아기의 향기 • 31
여름날의 아기 • 32
여자의 그 이름, 엄마꽃 • 33
위대한 선물 • 35

진정한 바보 • *36*

짝사랑 • *37*

천사 본능 • *38*

햇살 닮은 사람 • *39*

제 2 편 / 봄

꽃샘 사랑 • *42*

꽃이 사람에게 • *43*

너의 미소 • *44*

늦게 피는 꽃 • *45*

두근거리는 봄 • *46*

벚꽃 • *47*

봄, 피다 • *48*

사랑 • *49*

생일날 • *50*

시작 • *51*

어떤 마음 • *52*

착한 사람 • *53*

찾아오는 봄 • *54*

처음 봄 • *55*

투명한 그림 • *56*

카페의 진실 • *57*

하나 아닌 둘 • *58*

제3편 / 여름

갯벌 나무 • 60
꽃을 보는 마음 • 61
꽃집의 남자 • 62
나의 비밀 정원 • 63
너의 향기 • 64
마음 주인공 • 65
별보기 • 66
뽐.뽐.뽐 • 67
세수 • 68
수평선 • 69
숲 • 70
숲에는 • 71
연녹색 하늘 • 72
우창꽃 • 73
조약돌 • 74
평화로운 호수 • 75
횡재 2 • 76

제4편 / 가을

가을 단상 • 78
가을이 오면 • 79
가을의 전설 • 80
가을의 초대 • 81
고려청자 • 83
꽃, 책 • 84
그대의 내일 • 85
그리움 • 86
무화과 • 87

사랑을 묻는다면 • 88

산을 넘는 해 • 89

인생 예찬 • 90

종이책의 향기 • 91

추석 • 93

친애하는 시민(詩民) 여러분 • 94

한 편의 시 • 95

홍시 • 96

제 5 편 / **겨울**

걸어가는 길동무 • 98

기다리는 겨울 • 99

까치집 • 100

남자들이 카페로 간 까닭은 • 101

다음 페이지 • 102

뜨거움 • 103

메트로놈 • 104

발자국 디자이너 • 105

볕뉘 • 106

산중 유휴 • 107

손가락 연정 • 108

억새 • 109

은퇴의 미 • 110

창밖의 눈(目) • 111

천년의 미소 • 112

카드놀이 • 113

퇴직, 3류 인생 • 114

하얀 산 • 115

제1편

초봄
(손주를 위한 세레나데)

겨울 아기

눈처럼 맑고 순수했던 첫사랑의 기억
내 앞에 그 님이 나타났네

겨울날 눈부신 햇살 받으며
흰 눈 위에 온 듯
하얀 백지인 듯

차가운 시간들 속에
용광로 되어
따뜻함이 흐르는 작품을 만드리라

그 님이 오셨네

그 님이 오셨네
그 님이 오셨네
날개 없는 천사가 오셨네
미소 짓는 천사가 오셨네

어느 날 한순간에
세상은 밝아지고
사람은 아름다워지네
나는 푸른 지구 하나를 얻었네

자연보다 자연스런 미소를 짓게 하는
나의 아기님
꿈의 꽃다발을 들고 우리에게 오셨네
내 안에 언제나 그 님이 계시네

초봄 (손주를 위한 세레나데)

꼬마 아기

귀여운 꼬마 아기가
펭귄처럼 걸어갑니다

뒤뚱거리는 모습에
하늘도 웃으며 박수칩니다

비 오고 바람 불어도
꼬마 인형은 힘들지 않아요

가슴 안에 사랑의 덩어리가
충만하거든요

꽃모종

사람꽃 어린 새싹은 의연하게 돋아나고
질펀한 세상 모판은 이미 준비되어 있다

새싹을 안고 있는 가슴이 따뜻하다
새싹을 업고 있는 등판이 든든하다

분수대 물보라는 바람에 흩어져도
그 무지개는 찬란하다

낭만주의 지구인

손주는 쏟아지는 기쁨 덩어리
나를 바보로 만드는 아기

아침 이슬 같은 눈망울에
별빛 심은 듯 반짝이는 눈동자
마주치기만 해도 호수에 빠지고
빛나는 순백의 부드러운 피부는
하늘의 순수 그 자체이다

그 작은 몸짓에도
자지러지는 나의 몸
눈물짓는 순간에도 생각나
나도 모르게 웃음 짓게 만드네

내 심장을 가져가는
낭만주의 지구인이여
놀라운 아름다움의 생명인이여

내 마음 나도 몰라요

큰 손주 두 돌에
작은 손주가 세상에 등장하였다

그렇게 밝고 깜찍하던 큰 손자가
흐트러지기 시작하였다
조금 우울하고 에너지가 느려지며
어리광이 늘었다
아빠보다 엄마에 치대며
관심을 요구하는 듯하였다
모든 일에 시큰둥한 사춘기처럼
아기 천사의 전 사춘기인가 보다

그렇다고
제가 동생을 미워하는 건 아니에요
무심한 듯 손인사도 하고요
이쁘게 바라보기도 해요

엄마 아빠,
두 살 평생 처음 느끼는 이상한 감정이에요
내 마음 나도 몰라요
조금만 기다려 주세요
이제 2살이에요

시간이 제 옆을 스치는 만큼
볼을 비비고 꼬옥 안아 주는
엄마 아빠 하삐 함미처럼
다정하고 따뜻한 사람이 될 거에요

저도 노력하는 중이랍니다
사랑 안에서 성장하고 있거든요

보고 있어도

보고 있어도 보고 싶고
보이지 않으면 더 보고 싶고
눈앞에 현신으로 오신 님
첫사랑의 그리움이 이만하였던가

아기와 눈을 마주치는 것만으로도
우리는 순수의 포로가 된다
우리 집에 무지개가 피었다

사람의 길

첫돌 갓 지나
자기 키만큼이나 커다란
어린이집 가방을 등에 메고

앞으로 가는 듯
옆으로 가는 듯
뒤로 가는 듯
웃픈 춤을 추는 듯

웃을 수도
울 수도 없는 장면

짧지 않은 사람의 길이 이러하리니
두려운 마음이 두근두근
설레는 마음이 세근세근

세 번째 첫사랑

너를 마주하는 눈이 경이롭고
너를 만지는 내 손이 떨립니다

내 마음에 촛불이 켜지고
사랑의 종소리가 울려 퍼집니다
생명에 대한 신비로움이 내립니다

살아있는 순수함의 상징으로 인하여
나도 순수한 사람으로 변하였습니다

나는 신의 호의를 받았습니다
세상이 사랑스러워졌습니다
행복감 위에 충만감이 다가왔습니다

나의 모든 것을 주고 싶습니다
내 몸 영혼까지도 말입니다

아, 나의 손주

어여쁜 나의 금(錦)이여!

세 번째 첫사랑입니다

* 금(錦): 비단 금, 아름다울 금

세상을 다 가진 행복한 사람

너의 엄빠는
마냥 평범한 청춘이었다

표정이 맑다
몸짓이 밝다
말이 부드럽다
시선이 사랑스럽다
24시간이 어른스럽다
세상을 다 가진 행복한 사람이다
너의 힘이다

이른 봄의 봄똥 같은
아가야, 고맙다

손주 사랑하는 법

샤워를 하고 머리를 만지고
향수를 바르며 간단하게 화장도 한다

예전엔 매일 습관적으로 하던 일과였으나

이제 꽃단장은
쪼맹이 손주를 만나는 의식이며
하삐 함미의 정성 담은 사랑이다

나는
귀여운 하삐가 되고 싶다

손주에게 1

둘째야
형아에게 감사하다 해라
먼저 세상에 나왔음을
용기 있는 형님을 곁에 두었으니
이 세상 얼마나 든든하니

첫째야
동생에게 고맙다 해라
늦지 않게 세상에 왔음을
외동의 외로움 벗어났으니
이 세상 얼마나 즐거우니

나오지 않은 셋째야
너는 세상에 먼저 물어보거라
내가 태어나도 되는지
나를 받을 준비가 되어 있는지

둘이서 손잡고 걷는 모습
이처럼 아름다운 풍경이 또 있을까

내려오는 햇살 벗 삼아
점점 높아가는
큰 나무와 작은 나무를 보았는가

서로 옆에 서 있는 나무에
거친 비바람도 지나가리라
세찬 눈보라도 비껴가리라

그다지 멀지 않은 시절에 큰 나무 되어
넓은 세상의 그늘 되어라

손주에게 2

책과 글을 친구하고
지구본을 돌려보고
타임머신을 타거라

그러고도 여유로우면
산처럼 무겁고
강물처럼 유연하며
바람처럼 자유로우면 좋겠다

그러고도 여유로우면
고개 숙여 꽃에 물을 주고
두 손 모아 간절히 기도하거라

순수의 게임

살짝 웃음 짓는 아기의 눈망울
새근대는 잠결 소리
그대로의 우유 살결
눈동자에 박힌 그림

세월의 무거움 덜어내고
따스함 잔잔하게 쏟아내는
하삐 함미의 천진난만해지는 주름눈
벌어지는 입술 웃음

모든 것은
의미가 사라진다

숨은 그림 찾기

액자 속에는 그림이
그림 속에는 액자가 들어 있네
시대의 거센 파도가 넘실거리듯이

큰 그림 속에는 작은 그림이
작은 그림 속에는 큰 그림이 있어
다양한 인간 삶의 애환이
물감처럼 묻어 나온다

눈을 뜨면 그림이
그림을 보면 눈이 떠지며
저 너머의 아름다운 아기가 보인다

그림 속에는
사람들이 살아가고
내 마음속에는
그림이 걸려 있다

아기 얼굴

아기꽃 활짝 피어나 꽃처럼 웃네
아기꽃 일그러지며 지는 꽃처럼 우네

기쁨과 슬픔을 아는 듯 모르는 듯
아기 얼굴은 인생이 다 들어 있는
수정같이 깨끗한 거울이네

아기의 향기

손주를 안으면 엄마 냄새가 난다
젖 냄새 살 냄새
딸아이 냄새
어머니,
그리운 내 어머니 냄새가 풍겨 나온다

손주를 안으면 땀 냄새가 난다
한 세상을 살아내고자 준비하는
숭고한 생명의 몸짓 언어인가
너와 내가 그러했듯이

손주를 품으면 향기가 나온다
가족의 냄새
사랑의 냄새
생명의 냄새가 샛바람처럼 나온다

여름날의 아기

불쑥 솟아 오른 태양처럼
점점 붉게 다가오는
이슬처럼 영롱한 눈동자

거친 파도를 헤쳐 나가며
어여쁜 미녀의 눈썹을 닮은
무지개꽃을 피우는 아기 천사

그 뜨거운 여름날 열기의
그늘이 되어 주는 천사

내 님은
여름날의 소나기 같은 시원함을 쏟아 준다

여자의 그 이름, 엄마꽃

여느 집 아이처럼 평범하게 자란 딸아이가
엄마꽃으로 피어나
아기꽃을 낳았으니 놀랍습니다
한 송이의 들꽃이
천상의 꽃으로 변신하였습니다

때로는
잉태의 기쁨과 보이지 않는 두려움을
가슴속으로 아우르며
맘고생도 많이 하였겠지요

그런 엄마꽃에서 여전사의 향기가 풍겨 나오고
어른 위의 어른으로 보이니
내가 지금 숨 쉬고 있음이 자랑스럽습니다

딸아이 얼굴에 겹쳐지는 또 한 사람
세월의 잔주름 늘어나며 작아지는 아내가
문득 나보다 커 보입니다
어머님도 현세에 계신 듯 가까이서 느껴집니다

아,

엄마꽃 앞에서

이 세상의 모든 꽃은 작아집니다

위대한 선물

둥실 솟아오른 보름달처럼
흐릿한 순간에도 생각나는
그 님

내가 허허할 때 홀연히 다가온
존엄한 인간
위대한 선물

자연의 찬란한 모든 열매는
하늘에 감사하며
그 님을 찬양하라

진정한 바보

나는 바보가 아니었다
바보가 되는 방법을 몰랐고
바보가 없는 줄만 알았지

꽃피던 어느 날
사람꽃 새싹이 선물로 내려와
먼 시선으로 바라보던 일이
사랑눈으로 변하였다

손주 바보를 알지 못했던 내가
행운아인 줄 몰랐던 내가
진짜 바보였네
진정 바보였네

짝사랑

그 아이의 반짝이는 눈은
맑은 눈입니다
그녀의 부드러운 피부는
하얀 피부입니다
그 사람의 알 수 없는 마음은
설레는 마음입니다

그 시절의 아름다운 핑크빛 사랑이
다시 물들어갑니다

언어의 끝을 넘나드는
황혼의 손주 로맨스
이어지는 짝사랑입니다

천사 본능

그대는 세상에서 천사를 보았는가
몇 개월이에요 물으며
세상 어른들의 입가에는
순백의 천진난만한 미소가 흐른다

그대는 사람에게서 천사를 보았는가
나비잠을 자다
펭귄 걸음도 하며
모든 사람들의 얼굴에는
달덩이만 한 웃음이 피어난다

아기의 작은 웃음 따라
큰 행복의 강물은 넘쳐흐르고
아기의 동그란 웃음으로
마음의 풍선은 떠오른다

햇살 닮은 사람

이른 봄날 햇살의 따뜻함에
바위 밑의 잔설은 녹아내리듯이
아지랑이는 춤을 추고
그렇게 따뜻한 세상을 만들면 좋겠습니다

늦가을 찬비 내린 다음날
물감이 썰물처럼 빠져나간 낙엽 위에
햇살을 비추어 찬란한 최후를 위로하듯이
그렇게 밝은 세상을 만들면 좋겠습니다

추운 겨울날
햇살을 향하여 귓불을 돌리게 하는
그런 햇살 같은 님이면 좋겠습니다

사계절 언제 어디서나 햇살을 내려 주어
세포분열을 완성하는
자연의 생명 지킴이
그렇게 생명존중 세상을 만들면 좋겠습니다

제2편

봄

꽃샘 사랑

큰 추위를 견딘 나무가
꽃샘추위를 두려워하랴
이제는 피하지 않으리
꽃잎을 접지 않으리

지나가는 사랑이
다가오는 사랑만 하랴
은은한 꽃의 향기처럼
더 아름다우리라

다가오는 사랑은
안개 속에서
불현듯 나타나는 사랑이리라

꽃이 사람에게

살며시 꽃잎을 엽니다
그대의 웃는 얼굴이 좋아서

살포시 꽃향기를 날립니다
그대의 웃음소리가 좋아서

꽃이 꽃구경을 합니다
그대를 보며

너의 미소

미소 짓는 너의 얼굴에는
시골의 산책길이 보이고

너의 미소 속에는
봄바람 같은 살풋함이 있고
잔잔한 호수가 흐르며
소리 나지 않는 박수 소리가 들린다

당신은
함께 산책하고 싶어지는 사람입니다

늦게 피는 꽃

꽃이 피어납니다
차례차례 기다리며 꽃을 피웁니다
늦게 핀다고
예쁘지 않은 꽃은 없습니다

천천히 봉오리를 여는
당신이라는 꽃도 그러하겠지요
기다림과 설렘으로
피어나는 꽃이니

당신은
언제나 아름다운 꽃입니다

두근거리는 봄

봄이 오면 나는 설레지
마치 첫사랑을 하는 것 같아서

오늘도 나는
보이지 않는 애인을 만나러
저 먼 곳의 사랑을 위하여
길을 나선다

봄길에는
사람과 사랑이 손을 잡고
함께 걸어간다

벚꽃

봄 연주의 시작입니다
순서 없이 피어나는 꽃 연주

축제가 따로 있나요
벚꽃 피면 축제인 거죠

꽃이 따로 있나요
봄길 따라 찾아오는
그대의 얼굴이 벚꽃이죠

봄, 피다

봄이 피었습니다

꽃향기에 한 번
꽃나비에 한 번
당신에게서 한 번

사랑

사랑이란
손을 잡고 함께 걷는 것입니다

사랑하지 않으면
길을 잃고 마음이 아플 것입니다
슬픔을 사랑하는 일도
우리가 함께라면 아름다울 것입니다

핑크는
레드보다 더 맑으니까요

생일날

내가 태어날 때 우는 이유는
엄마의 아픔을 덮기 위함이었지

내 울음과 엄마의 울음이 듀엣 되어
환한 웃음의 뮤지컬을 만들고
세상은 즐거운 공연장이 되었지

나는 말해 주고 싶어요
내가 사랑하는 엄마는
아름다운 주인공이었습니다
위대한 사람이었습니다

시작

시작하지 않으면
아무도 나서지 않는다

나서지 않으면
또 다른 시작은 없다

봄이 있어 여름 오듯이
달이 지니 태양 오른다

우리는 함께하기에
두터운 사이다

어떤 마음

강이 보이는 자전거 길에서
엄마와 초등학생 아들이 달린다

엄마 힘들어?
조금
그러면 쉬어 가자!

엄마의 환한 미소와
아들의 여유로운 얼굴이
민들레 홀씨처럼
자연스레 강변에 퍼진다

착한 사람

봄 햇살을 좋아하는 그대
당신의 선한 마음이지요

당신의 꽃은
봄날의 꽃잠처럼
따사로이 피어날 것입니다

찾아오는 봄

겨울 넘어 찾아오는 봄
오라 하지 않아도 찾아오는 봄은
맑은 눈의 아기를 닮았습니다

별일 아닌 듯이
꽃을 들고 나타나는 님처럼
봄은 오네요

봄은 그렇게
내 안의 선물로 찾아오고 있습니다

처음 봄

내가 태어날 때 처음 알았던
그 상큼한 봄내음

이제 너에게 주고 싶다

손가락 사이로 힘없이
슬슬 빠져나가는 삶이 아닌
발가락 사이로 힘차게
불쑥 삐져 올라오는 삶이다

투명한 그림

사람은 그리워서
그림을 그리나 봅니다

유리잔도 걷듯이
지나간 길을
지나온 길을
내 마음에 투명하게 그립니다

햇살 커튼도
눈빛 사랑도
향기로운 첫 키스도
쓰라린 아름다운 추억도

내 마음 속 캔버스에 그리며
인생 화가로 짙어집니다

카페의 진실

커피 마시러 왔다가
꽃만 찍고 갑니다

시를 쓰러 왔다가
별만 보고 갑니다

오늘도 내 마음에
행복의 발자국 찍고 갑니다

하나 아닌 둘

세상은 아름다워라

사람은 남과 여
생명은 암과 수
전기는 양(+)과 음(-)
자전거는 앞바퀴와 뒷바퀴
온도는 뜨거움과 차가움

사람은 너하고 나
아름다운 이는 둘입니다

제3편

여름

갯벌 나무

갯벌이 그린 바닷빛 나무 한 그루
나뭇잎 없는 나무
끝없이 뻗어나간 갯고랑 가지들

파도의 리듬을 품은
무한한 바다 생명의 골짜기

시공간을 너머
나를 일으켜 세운다

꽃을 보는 마음

넓은 들판에 이름 모를 꽃이 많이 피고
아름다운 정원에 이름난 꽃들이 많으니

햇살이 넘칠 때에도 예쁘게 바라보고
달빛이 스러질 때에도 사랑스럽게 올려본다

그 마음이 꽃의 정원이다

꽃집의 남자

힘이 들 때면
나는 화원에 갑니다
예쁜 꽃이 나를 반겨 주니

우울할 때면
나는 화원에 갑니다
화사한 꽃이 나를 위로해 주니

기분 좋을 때
나는 화원에 갑니다
꽃을 든 남자로 변신하니

나는 오늘도 꽃집에 갑니다
내 마음에 꽃이 피었습니다

나의 비밀 정원

내 마음의 뜰에
꽃을 심었습니다
아름다운 사람꽃이 피었네요

내 마음의 뜰에
숲을 들였습니다
나뭇잎이 빗방울을 받아 찬란하듯이
숲내음 향기 가득한 사랑이 피어납니다

나의 비밀 정원을
외로운 그대에게 드립니다
따사로운 햇살을 마시며
미쁜 세상을 이야기해요

너의 향기

빵 냄새처럼
꽃 냄새는 좋았다

빵 맛보다
꽃 맛은 더 달콤하였다

진정
나의 마음을 건드리는 건
너의 향기이다

마음 주인공

인생은 나이가 있다지만
내 마음은 나이테가 없습니다
인생은 무겁다 하지만
내 마음은 깃털처럼 가볍지요
인생은 쓴 술이라지만
내 마음은 솜사탕입니다

내 마음의 주인은
언제나 나입니다

별보기

나와 함께 별 보지 않을래요
너와 함께 쏟아지는 별을 보며
잠들고 싶어요

오늘이 사라지면
밝은 내일이 오듯이
그렇게 반짝이는 별을 보며
빛나는 내일을 이야기하고 싶습니다

그대와
샛별을 보며 일어서는 아침은
놀라운 세상입니다

뽐·뽐·뽐

나는 너에게 예쁨입니다

너는 나에게 미쁨입니다

너와 나는 우리에게 기쁨입니다

세수

변화라는 단어 외에는
모든 것이 변하는 세상입니다

이제 내 마음에도
모든 어두운 것들을
세수를 하려고 합니다

아침 세수보다 맑고 깨끗한
꿈자리 세수를 평온하게 합니다

수평선

저 멀리 보이는 수평선에서
출렁이는 파도는 멈추고
그 끝에서 바다와 하늘은
완연한 하나로 이어진다

바다에 누워 눈을 뜨니
천상이 열리는 파란 하늘이다

태초부터 그랬듯이
바다와 하늘은
원래 하나임을
기울지 않음을
삶도 그러함을

가까이 보이는 수평선
파도는 멈추지 않는다

숲

아버지처럼 든든한
어머니처럼 포근한
숲

사람이 숲을 안으니
숲도 사람을 품는다

바람소리 나무소리
산 너울 따라
숲도 춤을 춘다

숲에는

숲에는 길이 있습니다

내가 가는 길이 있고
꽃의 길도
곤충의 길도
햇살의 길도 있네요

그리고
숲에는 길이 없습니다

기계 가는 길이 없고
가난의 길도
증오의 길도
전쟁의 길도 없습니다

숲에는
목적 없는 나
그리고 생명이 있습니다

연녹색 하늘

빙하를 휘감은 산 위의 하늘색
높은 설산 위의 연녹색 하늘
북극 오로라의 향연색

차가운 대지의 짙푸른 녹색 초원과
어울리다 올라간 자연색인가

억겁의 시간을 초월하여
다시 내 안에 들어와
초록을 펼치니

세월의 모성은
평화로운 녹색 본능이다

우창꽃

오늘,
아침에 꽃이 피고
저녁에 꽃이 떨어지는
신비로운 하루살이 꽃입니다

내일도
새로운 꽃송이가 피고 떨어지기를
언제나 반복하는 꽃입니다

하루를 불사르고
잠에 떨어지는 나의 꽃
흔들리는 얇디얇은 꽃잎을 떨구어
일상의 트럼펫 소리는 울려 퍼집니다

나는 오늘도
피고 떨어지는
떨어지고 피는
루엘리아 우창꽃입니다

조약돌

좌르르 좌르르…
파도가 올 때마다
해변의 조약돌이 소리를 냅니다

파도에 부딪치며 부딪치며
깎여 동그래진 돌들은
햇빛에 찬란히 빛이 납니다

세월 풍파에
보는 내 마음도 둥그러집니다
사람 세상에
네모난 조약돌은 없는 듯합니다

평화로운 호수

잔잔한 호숫가에 서 있는 자귀나무
작은 공작새의 예쁜 꼬리처럼
해 질 무렵 잎이 접히고 꽃이 핀다

원앙들은
그늘진 자귀나무 밑에서
가슴 설레는 두근거림으로
춤을 추며 가까이 더 가까이 노닌다

나무와 새는 따로 또 같이
평화를 노래한다

횡재 2

장마철 잠시 맑은 날
여행을 하였다

울산 바위에 커다란 쌍무지개 걸리더니
바람은 솔솔 불어오고
새들은 저마다 지저귀며 날아다니니

희망이란 것이 특별한 것일까요
장마 속 반짝이는 햇살이겠죠

제4편

가을

가을 단상

느리게 오시더니
느리게 가시는군요
빨리 가시는 것보다 괜찮습니다

가을이 가기 전에는
여행을 멈출 수가 없는데

아,
가는 가을은 역시
나를 슬프게 합니다

가을이 오면

가을이 오면
하늘을 향하여 기도를 하고요
낙엽을 보면서 그리워하고요
겨울을 위하여 사랑을 합니다

가을이 오면
일 년인 듯 계절을 품으며
한 달인 듯 하루를 손잡고
하루인 듯 순간을 껴안고

그렇게 가겠습니다

가을의 전설

가을날
오늘도 상사화 주변을 맴돌고 있습니다

가을의 전설을 알리려
상사화 꽃잎은 서둘러지는가

그릴 수 없는 그리움 꽃잎 하나
알 수 없는 외로움 꽃잎 하나
헤아릴 수 없는 신비로움 꽃잎 하나

가을의 꽃잎은 지고
봄의 새잎으로 돋으니
이루어질 수 없는 사랑이라 말하지 않겠습니다
이별 아닌 이별이라 슬퍼하지 않겠습니다

가을의 비밀이란 그런 것
비워지는 것도
채워지는 것도 아닌
그대로인 것임을

가을의 초대

지난 여름에 지친 그대여
어서 오세요
흘린 땀을 시원하게 날려 드릴게요
가을의 화려한 물결을 드립니다

낙엽 지는 소리를 들으며
마음의 무게 내려놓으시고
가벼운 낙엽길을 걸어가요

시린 하늘바다도 드릴게요
맑아지는 세상이 보여요
우리 함께 하늘길을 걸어가요

나무 사이의 바람도 드릴게요
시원한 사람이 많아지죠
당신과 바람길을 걸어가요

가을은 당신을 초대합니다

쑥부쟁이 벌개미취 구절초 국화꽃과 함께

차가운 겨울이 오기 전에

생명의 갈색 옷을 드려요

하얀 겨울길도 따뜻한 길입니다

고려청자

가을 하늘은
맑고 밝은 비취색

소나기 지나간
고려 도자기 가마터에

가을 하늘 한 조각
청자에 떨어졌네

꽃, 책

꽃 피듯 글 쓰고
꽃 지듯 책 짓는다

한 편의 시 같은 나
한 송이 꽃 같은 너
한 조각 시화 같은 우리

그대의 내일

고함치며 지나가는 기차처럼
오늘은 흘러가 버리고
문득 고개 드니
내일의 아름다움은 그대의 것입니다

바다 속에 일렁이는 하늘
삶은 언제나
같은 모습을 보여 주지 않습니다

세상에 덩그러니
혼자 있는 사람은 없어요
나무도 혼자는 아니랍니다

그리움

내가 어릴 때는
어머니의 가장 아름다운 모습이
기억나지 않을까요

손주에게 젖을 먹이는
딸아이의 모습에서
내 어머니를 향한
숭고한 그리움의 기억이 나타납니다

그리고
기다리셨지요
낮달맞이꽃이 아침 햇살을 기다리듯이
그렇게 사람꽃이 피어나기를
숯불 같은 사랑으로 돌보셨죠

내 마음의 곁에서 동행하시는
더 이상 표현할 수 없는 그리움

저를 용서해 주세요

무화과

꽃 없이 열매 맺을지라도
무화과는 달콤합니다

설령 열매 없는 삶일지라도
우리의 생은
꽃처럼 아름답습니다

그 모습은 다른 삶일지라도
우리는 언제나 사랑합니다

사랑을 묻는다면

누가 사랑을 묻는다면
작은 가슴 속의
질박하게 기도하는 손이라
말하고 싶어요

또 묻는다면
봄햇살만큼이나 따스한
눈물 그렁한 눈빛이라
말할 거예요

다시 묻는다면
백지 위에
뜨거움을 내뿜는 펜이라
말하겠어요

그래요
사랑은 묻는 게 아니에요
그냥 답하는 거예요

산을 넘는 해

저녁 해가 슬며시 넘어가며
산을 물들인다

달이 떠오르는
다른 세상이 열리고

별이 빛나는
찬란한 세계를 선물하였네

아름다운 나의 시간은
내일의 태양처럼 떠오르리

인생 예찬

신록의 푸름은
상큼하면서 부드러웠습니다

그 푸름을 어디에 두고
무지갯빛 옷으로 갈아 입으셨나요

님의 주름진 얼굴과 거친 손등에
세월의 흔적을 새기셨네요
단풍색 너머 슬프도록 찬란합니다

떨어진 낙엽은
땅속의 온기와 더불어
내일의 주인공으로 다시 태어나
그렇게 외롭지만은 않을 것입니다

종이책의 향기

작을수록 소중했던
몽당연필의 모습은 대단했다
작은 손가락으로 점점 작아지는 연필을
친구만큼 좋아하였으니

손에 책을 들고 다니던
대학생들의 품격은 명품백보다 위대했다
무거운 책을 꼭 잡은 애인의 손만큼이나
소중하게 사랑하였으니

그 시절
글자를 춤추게 했던
몽당연필의 추억은 사라져가나

책은 여전히 책장 구석에 오래 남아
쿰쿰한 냄새를 내뿜으며
그 존재만으로도 위대하다

읽기 위해 책을 쓰듯이
쓰기 위해 책을 읽는다

작은 시집 하나 손에 든 사람을
꿈에서나 볼 수 있어도
종이책의 향기는 시간의 나이테만큼
퍼져 나가고

첫 장 넘기는 책의 그 맛은
나를 어루만진다

추석

둥근 보름달에 걸린
환한 아이 얼굴은
사랑의 선물입니다

솔잎 향기를 담은
쫀득한 송편은
계절의 열매입니다

다가오는 추석 명절은
풍요의 들판을 그리는 축제장
초대받은 우리는
가을의 주인공입니다

친애하는 시민(詩民) 여러분

누구나 시를 좋아하지요
누구나 시가 멋지다고 하지요
누구나 시인을 존경한다 하지 않나요
누구나 마음속으로는 나도 멋진 시를 쓰고 싶다는 시사랑이 있겠지요

시간을 조각하고
세월과 어울리면서

우리는 언젠가는
호기심 일렁이는 시민(詩民)입니다

한 편의 시

오늘도
나는 한 편의 시를 쓰고 싶다

꽃봉오리가 수줍은 꽃잎을 열듯
태양이 그림자를 그리듯
단풍잎이 색칠하듯
눈 속의 복수초가 꽃을 피우듯

오늘도
나는 한 편의 시를 썼다

홍시

감은 두 번 익는 과일이지요

나뭇가지에서 햇살을 먹으며 익은 감은
나무 소반 위에서 자연스레 다시 익어갑니다

곱게 나이 든 자애로운 할머니의
잔주름 얼굴처럼
세월의 달콤함을 담으며 익어갑니다

제5편

겨울

걸어가는 길동무

툭 치고
별스런 농담 툭 툭 던지는
그런 동심 닮은 사이
부담없이 경계없이 계산없이
어른 장난 놀이하는 친구랍니다

기쁠 때 웃어 주고 울어 주는
슬플 때 울어 주고 웃어 주는
생을 노래하는 그런 친구랍니다

네가 측은하고 내가 불쌍하여
나이 숫자 올라갈수록
결국 손을 맞잡는
또 그런 사이랍니다

기다리는 겨울

겨울은 수줍은 기다림

칼바람이 무섭게 다가와
논두렁 구석에서 기다린다
폭설도 녹아내려
산 계곡 구석으로 숨어든다
숨어서 기다리다 초봄의 살가운 바람에
기운을 얻어 일어나지요

겨울 기다림의 끝은
봄꿈입니다

까치집

맑은 빛 고운 햇살
소복소복 담아 두고

별들과 나눈 얘기
강물 되어 흐르는데

비어서 풍요롭구나
나목 위의 까치집

남자들이 카페로 간 까닭은

머리 하얀 남자들이
카페로 간 까닭은

고요한 음악 때문일까
멋진 뷰 맛집 때문일까

요란스런 너의 이야기도
부서지는 나의 모습도
유리창 너머에 보이지 않음일까

잠시나마 내가 주인공인
흔들의자와 화려한 찻잔의
시·공간적 여유가 있음일까

지긋한 남자들이 돌아와
또 다른 백조의 비유(斐流)를 합니다

* 비유(**斐流**): 아름다움이 흐른다.

다음 페이지

새벽에서 아침으로
아이에서 성인으로

장면이 바뀌고
스토리가 이어지며
지금이 내일의 꿈으로 펼쳐집니다

몸만 떠나는 시간이 오더라도
아름다운 나의 페이지는
이어질 것입니다

세월이 바람과 함께
또 다른 페이지는
새 모자를 쓰고 흘러갑니다

뜨거움

뜨거움은 언제나 차가움 위에 있다
어두운 먹구름 사이에서 햇살이 내린다

뜨거움은 언제나 차가움 아래에 있다
얼음장 밑 물속에서 물고기가 유영한다

사랑의 뜨거움은
얼어 버리면 데워 녹이는
그렇게 버무려지는 세월 속의 레시피이다

메트로놈

세월 따라 나도 따라

불닭 사랑이 숭늉 사랑으로

술집에서 카페로

아아에서 뜨아로

세월은 완행에서 ktx로

기적역에 소풍 간다

발자국 디자이너

낯선 이의 발자국이 정겨워 보이니
내 발자국도 앞선 이의 발자국으로 남겠지요

오늘도 정성스레 발자국을 그리며
발걸음을 합니다

나는
내 발자국의 디자이너입니다

볕뉘

골목과 골목 사이
열린 창문 틈 사이
깨진 담벼락 사이에도
햇볕은 잠시 비추고

그늘진 자리의 틈에도
작은 풀이 돋아나 꽃을 피우고
겨울이면 볕뉘를 찾아다닌다

인간은 모두 망가져 부서지지만
그 사이로 빛이 들어와
따뜻한 마음은 언제나 새겨진다

산중 유휴

구름이 쉬어가는 곳
바람도 머물러 있는 곳
말없이 있는 그곳

자연은 언제나 제 속도인데
사람은 날마다 속도를 넘는다

겨울이 산을 넘어가고 있어요
바람 속에서 구름처럼 살다보면
초봄이 문득 눈앞에 다가오지요

손가락 연정

꼭 오므린 아기의 손가락이
내 검지 하나를 잡으니
천진한 사랑이 흘렀지요

부드럽고 매끈한 사랑하는 이의
깍지 낀 손가락에는
찬란한 사랑이 넘쳤네요

하얀 머리 사람들이 잡고 가는
수줍은 듯 거칠어진 손가락 하나에는
애틋한 사랑이 퍼졌습니다

그래요
맞잡은 손가락 사이에는
세월이 흐르고 눈물이 넘치며
삶의 향기가 퍼지고 있습니다

억새

가을과 겨울 사이
낙엽 지니
억새 걸리고

하얀 솜털 억새꽃 위에
하얀 서리 내려앉았다

매서운 삭풍에 씨 뿌리는 억새는
바쁜 겨울이다

겨울 속의 봄은
생명의 길이며 사람의 길을
장엄하게 이어가고 있다

은퇴의 미

누가 오르라 하지 않아도
모두는 개미처럼 올라갑니다

온 세상을 눈에 담고
세월의 정상을 눈 아래 두지요

이제
올라온 만큼 내려가는 것이 인생
내려가는 것이 아니라
내려놓는 발걸음입니다

창밖의 눈(目)

페치카가 활활 타는 눈 내리는 카페에서
아이스 아메리카노를 눈으로 마신다

창밖은 빙하
얼음장 강물 위로
겨울새는 울음 없이 날아가고
먼 산의 이름 모를 나목은
사시나무인 듯 마른 가지를 부여잡는다

창 안은 따뜻한 나라
인조 인형이 기타를 치고
장작불 조명은 창백한데

심장이 뜨거워지는 것은
창밖의 겨울 햇살 때문일까
손 안의 작은 책 때문일까

어제의 안과 밖은 다른 세상
오늘은 새로운 창이 열린다

겨울

천년의 미소

은은하면서 인간미 넘치는
오묘한 백제의 미소를 보았네

태양빛 따라 자애로운 얼굴을 바꾸고
천년의 세월을 넘기며
오늘도 변하지 않는 미소를 짓는다

단단한 바위벽에서 홀연히
옛 선인의 여유를
내일 세상에 보내려는 듯

또 다른 천년의 미소는
바람처럼 흐르고 있다

카드놀이

세월은 길어지고
건강은 짧아지니

옐로카드에 움찔
레드카드에 울컥

마음속의 청춘은
블루카드 무지개

퇴직, 3류 인생

퇴직이란 삶의 길목에서
3류 인생이 되었네

구속하던 뫼비우스띠 떠나가니
자유(自由)가 오고
몸과 마음이 헐렁해지니
여유(餘裕)가 생기고
생각의 바다에 돛배를 띄우니
사유(思惟)가 넘치네

이제부터 문 밖의 길은
3유 인생 나그네이어라

하얀 산

천년의 눈이 내린 듯
천년의 이야기를 쏟아낸다

그날의 검은 이야기도 하얀색으로
크림을 발라 놓은 하얀 산으로
우리 눈앞에 새로 나타났다

무등산의 검푸른 바닷물이
세월의 바람과 함께
천천히 하얗게 흘러내리고 있다

흑과 백은 싸우는 듯 악수하며
우리의 가슴에
무지개다리를 만들고 있다

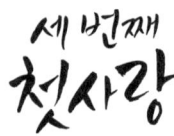

ⓒ 윤여칠, 2025

초판 1쇄 발행 2025년 3월 31일

지은이	윤여칠
펴낸이	이기봉
편집	좋은땅 편집팀
펴낸곳	도서출판 좋은땅
주소	서울특별시 마포구 양화로12길 26 지월드빌딩 (서교동 395-7)
전화	02)374-8616~7
팩스	02)374-8614
이메일	gworldbook@naver.com
홈페이지	www.g-world.co.kr

ISBN 979-11-388-4076-7 (03810)

- 가격은 뒤표지에 있습니다.
- 이 책은 저작권법에 의하여 보호를 받는 저작물이므로 무단 전재와 복제를 금합니다.
- 파본은 구입하신 서점에서 교환해 드립니다.